Ce livre appartient à:

_____

Bienvenue

French

Copyright 2021-2025- Tous droits réservés.
Vous n'êtes pas autorisé à reproduire, dupliquer ou envoyer le contenu de ce livre sans l'autorisation écrite directe de l'auteur. Vous ne pouvez en aucun cas mettre en cause l'éditeur ou le rendre responsable le tenir pour responsable d'une quelconque réparation, compensation, ou perte monétaire due aux informations incluses dans ce livre l'information incluse dans ce document, que ce soit de manière directe ou indirecte.
Avis juridique : Ce livre est protégé par le droit d'auteur. Vous pouvez utiliser le livre à des fins personnelles. Vous ne devez pas le vendre, l'utiliser, le modifier, distribuer, citer, prendre des extraits ou paraphraser en partie ou en totalité le matériel contenu dans ce livre sans obtenir au préalable la permission de l'auteur au préalable.
Avis de non-responsabilité : Vous devez prendre note que les informations contenues dans ce document sont destinées à une lecture occasionnelle et à des fins de divertissement uniquement.
Nous avons fait tout notre possible pour fournir des informations précises, à jour et fiables.
et fiables. Nous n'exprimons ni n'impliquons aucune garantie de aucune sorte. Les personnes qui lisent admettent que l'auteur n'est pas occupé à donner des conseils juridiques, financiers, médicaux ou autres. Nous avons mis le contenu de ce livre en nous approvisionnant à divers endroits. Veuillez consulter un professionnel agréé avant d'essayer toute techniques présentées dans ce livre. En parcourant ce document, l'amateur de livres s'engage à ce que, dans aucune circonstance. l'auteur n'est responsable d'aucun préjudice, direct ou indirect, qu'il pourrait encourir qu'il pourrait encourir en raison de l'utilisation du matériel contenu dans ce document, y compris, mais sans s'y limiter, les erreurs, les omissions ou les inexactitudes.

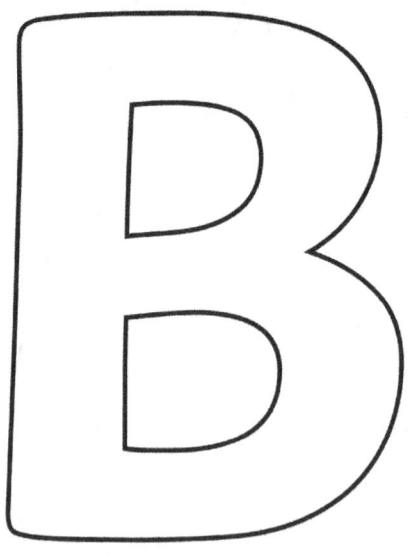

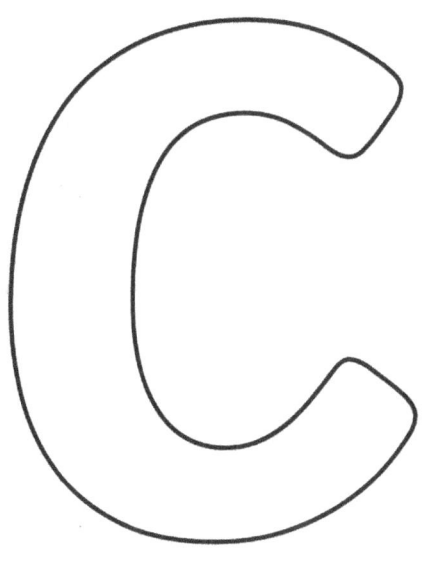

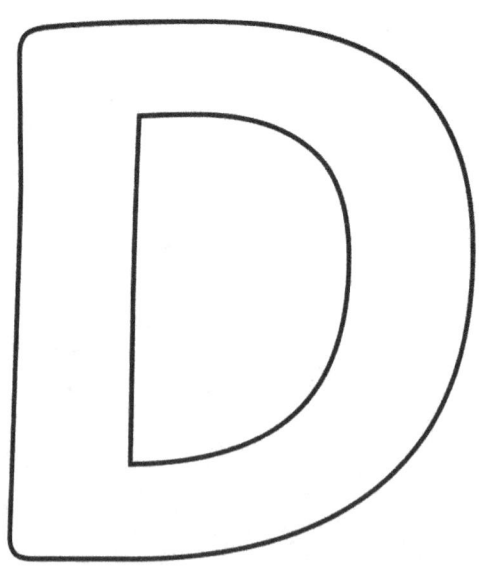

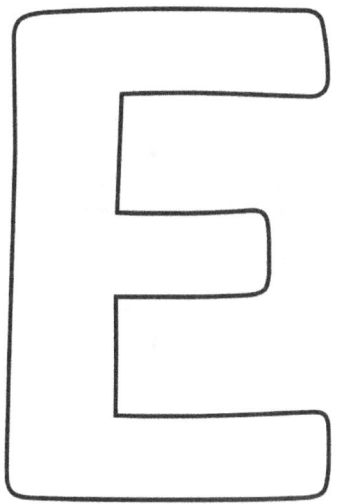

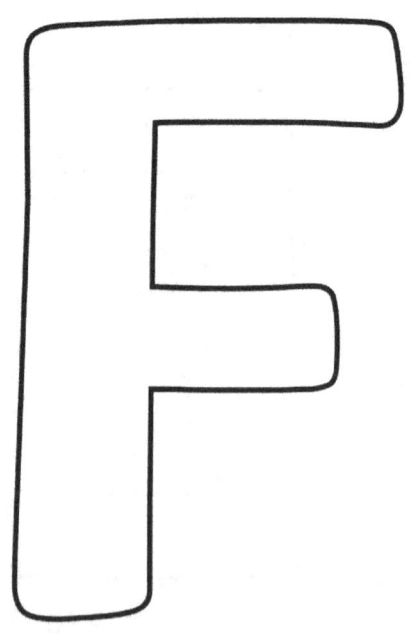

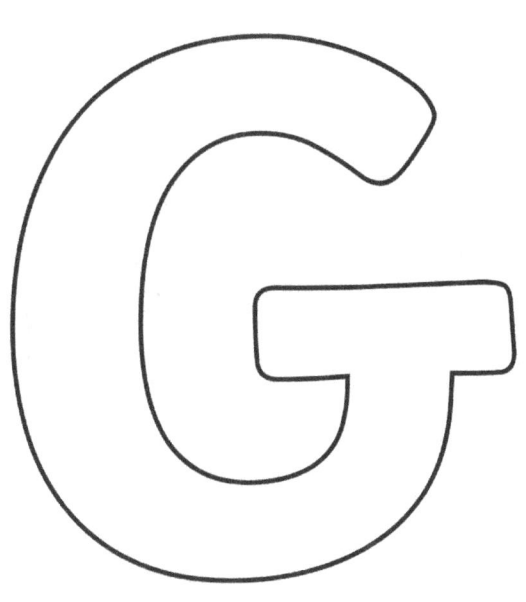

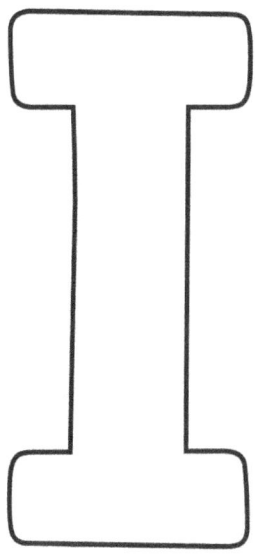

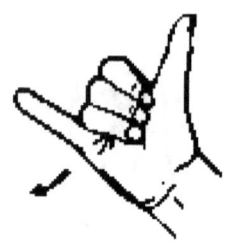

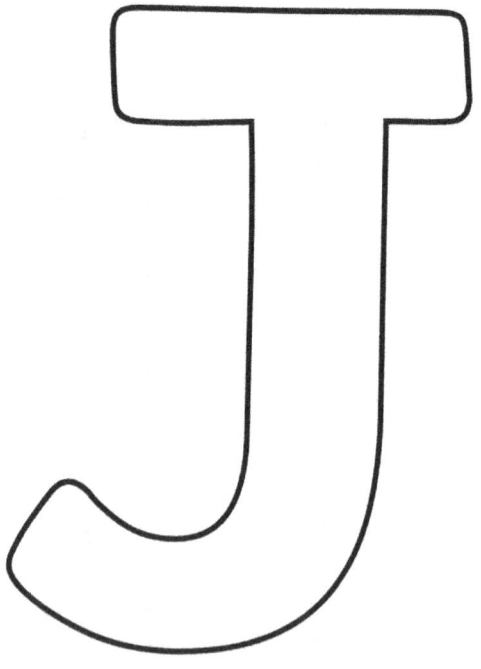

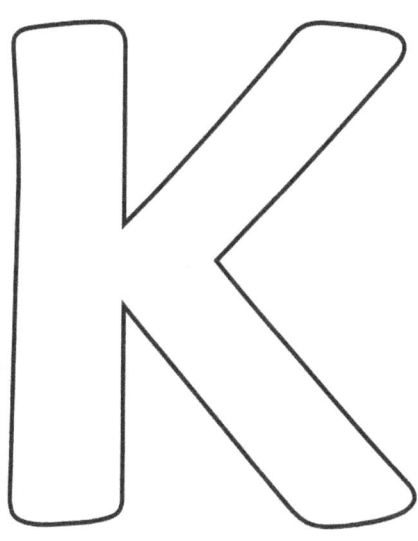

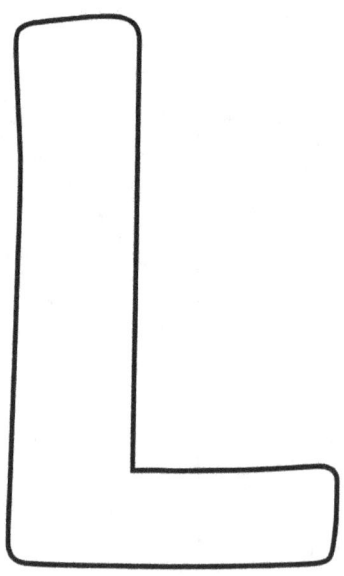

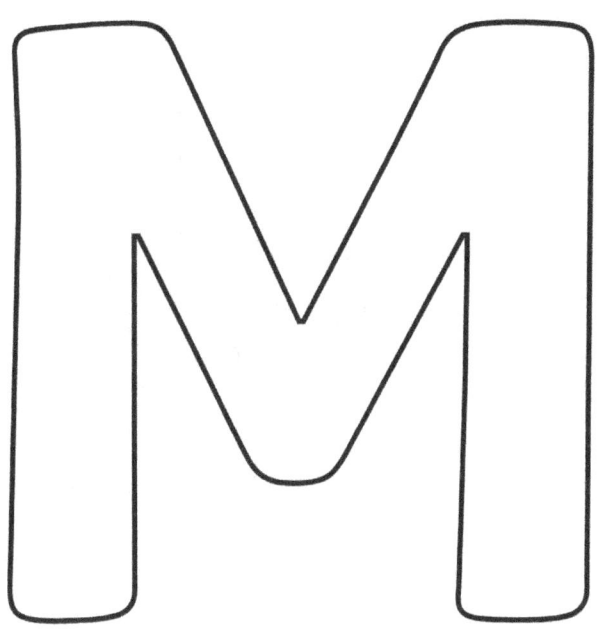

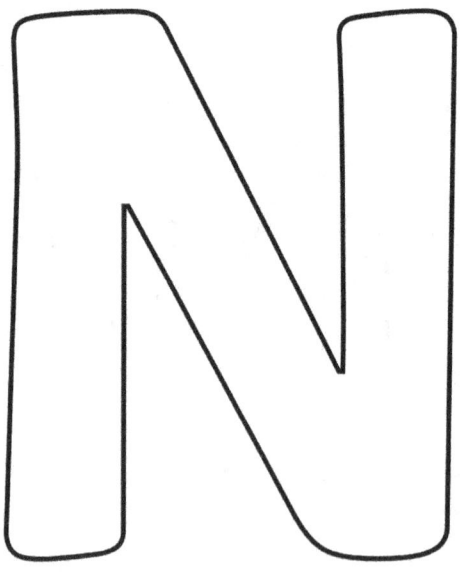

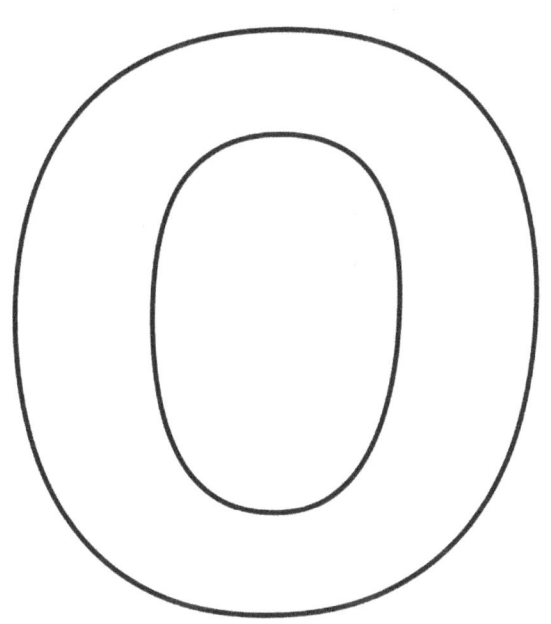

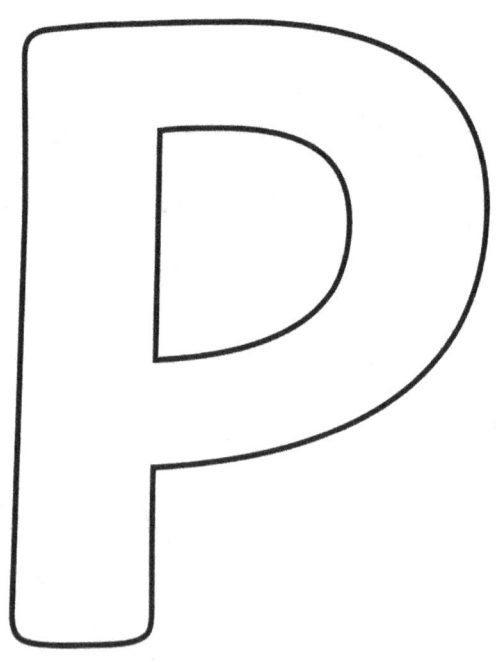

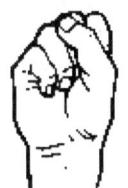

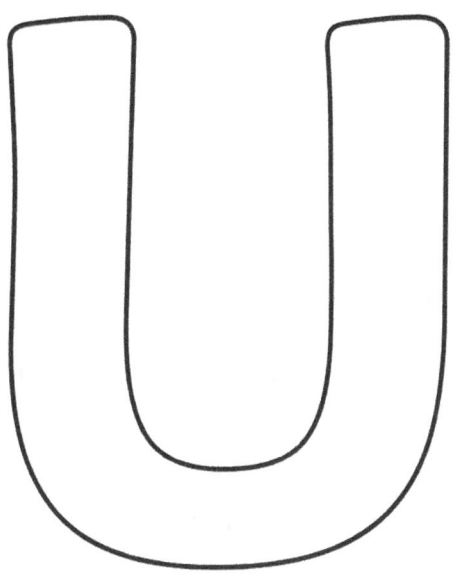

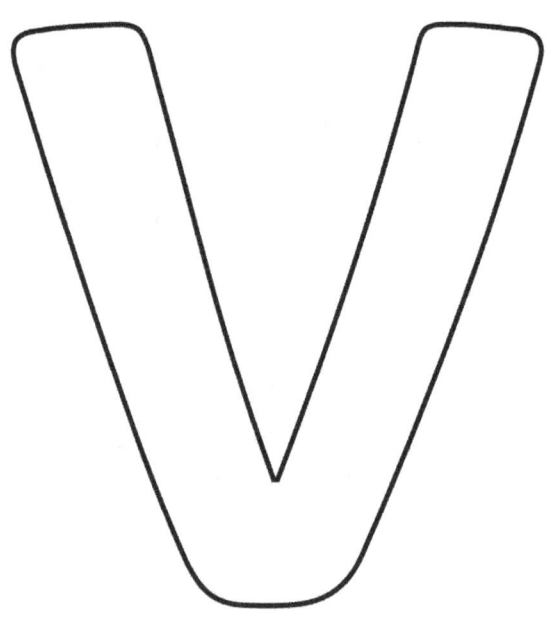

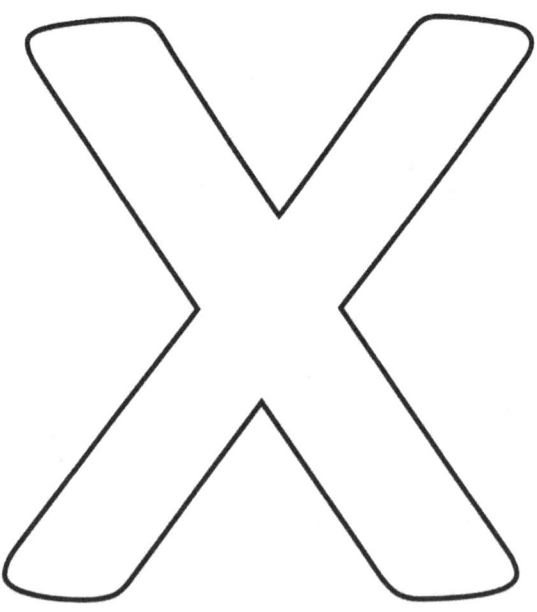

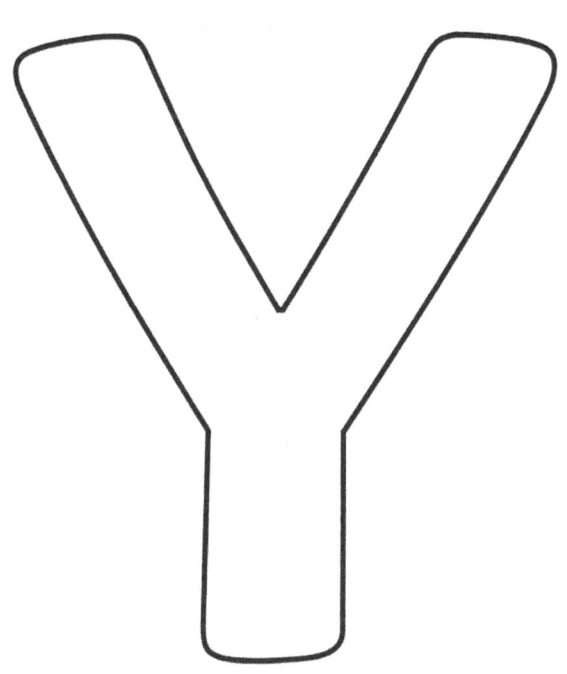

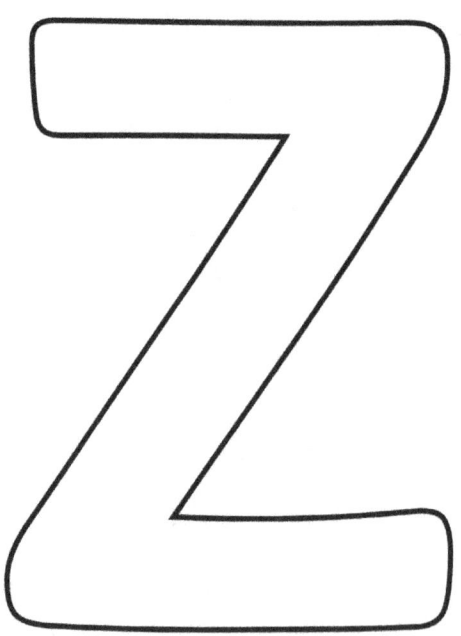

3

5

6

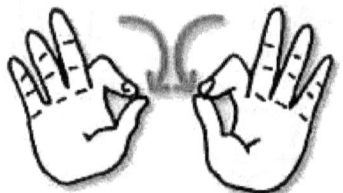

10

11

12

13

14

15

16

17

18

19

20

30

40

50

NOUS VOUS REMERCIONS !
VEUILLEZ LAISSER UN COMMENTAIRE.

www.ingramcontent.com/pod-product-compliance
Lightning Source LLC
LaVergne TN
LVHW020441080526
838202LV00055B/5293